テキスト版 ケースで学ぶ

介護・福祉職のための
コミュニケーションマナー

Communication Manner

早稲田教育出版

はじめに

　本書はホームヘルパーや福祉介護士など、福祉・介護の仕事を目指している人たちが、対象となるお年寄りの方たちとどのようにコミュニケーションをはかればよいのかを、さまざまなケースの中から学ぶためのテキストです。

　他人とのコミュニケーションは相手がだれであっても難しいものです。とりわけ難しいのが、お年寄りとのコミュニケーションです。そもそも年代的に離れている同士のコミュニケーションは、成り立ちにくいというのが定説ですし、経験からもいえることです。家庭、教育、社会、歴史……そのすべてが違うわけですから、難しいのも当然といえます。しかし福祉・介護の仕事に携わるならば、コミュニケーションが難しいなどと言っていられません。日常的に接するわけですから、相手が何を考え、何を期待しているのか。それに対してこちらは何をしたらよいのかを、的確に把握する必要があります。そのためにもコミュニケーションが大切になってくるのです。

　それでは、お年寄りとのコミュニケーションで注意することは何でしょうか。本書では、的確な状況把握をするための考えるヒントを挙げたうえで、言葉づかいから気配り、日常の生活のお世話まで、その基本ポイントが解説されています。もちろん実際の介護・介助となると、ケースによって応用力を働かせなければならない場合も出てくるでしょう。しかし、それも基本をしっかりと身につけたうえでの話です。本書を熟読していただくことにより、その基本を理解し体得していただければ幸いです。

テキスト版
ケースで学ぶ
介護・福祉職のための
コミュニケーションマナー

―――― 目次 ――――

- はじめに
- 目次
- 実際に介護を始める前に
- 本書の使い方

PART1　基本的にわきまえておきたいこと

1　言葉づかいや話し方に気をつける
ケース1　「こんにちは」が聞こえなかったために……　　14
ケース2　ぞんざいな言葉づかいで話したために……　　16
ケース3　「えっ？　えっ？」と聞き返されて会話にならない　　18
ケース4　「がんばってね」の一言が心を傷つける　　20

2　過度にお年寄り扱いしない
ケース5　「おばあちゃん、おばあちゃん」を連発して嫌われる　　22
ケース6　玄関まで手を引こうとしたら、強く手を払われた　　24

3　お年寄りのプライドを尊重する
ケース7　粗相をせずに食事ができたので「よく、はしが使えるようになりましたね」とほめたら……　　26
ケース8　過去のことを自慢するように延々と話す　　28

4　介護される側の複雑な心理を理解する

　　ケース9　　散歩の途中で不意に黙り込んでしまった。なぜ？　　　30
　　ケース10　　繰り返し、同じ話をする　　　　　　　　　　　　　32

5　まずは相手の気持ちを受け入れる

　　ケース11　　散歩に行こうと誘ったら、
　　　　　　　　過去にいやなことがあったと拒否された　　　　　　34
　　ケース12　　二言めには「私なんて年寄りだから」と言って、
　　　　　　　　否定的に受け止める　　　　　　　　　　　　　　　36

6　お互いのプライバシーを尊重する

　　ケース13　　別居している家族のことを尋ねたら、
　　　　　　　　不機嫌になってしまった　　　　　　　　　　　　　38
　　ケース14　　仕事以外では何をしているのかと、
　　　　　　　　しきりにこちらのことを尋ねる　　　　　　　　　　40

PART2　気持ちよく作業するためのコミュニケーション

1　食事時のコミュニケーション

　　ケース15　　食事を強くすすめたら怒り出してしまった　　　　　44
　　ケース16　　食べ物を口からこぼすので
　　　　　　　　「エプロンをつけてください」と頼んだら……　　　46

2　入浴時のコミュニケーション

　　ケース17　　なかなか服を脱ぎたがらない　　　　　　　　　　　48
　　ケース18　　限られた時間内に、
　　　　　　　　急いで入浴してもらおうとしたが……　　　　　　　50

3　排泄時のコミュニケーション

　　ケース19　　どうしても粗相をしてしまう　　　　　　　　　　　52

	ケース20	排泄の汚れ物をしまいこんでしまう	54

4　その他の家事のコミュニケーション

	ケース21	やってほしいことを、 はっきりと表現してくれなくて困る	56
	ケース22	古新聞を捨てたら怒られてしまった	58
	ケース23	「家事のやり方が違う」 といちいち文句をつけられる	60

PART3　相手の心を傷つけないコミュニケーション

1　親しさを過剰に示されたとき

	ケース24	「お礼です」と言って、 しきりに金品を贈ろうとする	64
	ケース25	男性老人から愛情表現をされて、 戸惑ってしまった	66

2　お年寄りから自分勝手と思われることを言われたとき

	ケース26	こたつに座りながら、嫌味なことを連発する	68
	ケース27	家族の料理や仕事を頼んでくる	70

3　相手がコミュニケーションをとろうとしないとき

	ケース28	話しかけても、ほとんど返事をしてくれない	72
	ケース29	名前を覚えてくれず、「ねえー」「あのー」と呼びかける	74

PART4　トラブルが起きたときのコミュニケーション

1　お年寄りに原因があると思われるとき

	ケース30	「ここに○○があったはずなのに……」 暗にこちらを疑っている様子	78

		ケース 31	ヘルパーが来る日を間違えて覚えていて、 訪ねるなり文句を言われた	80
	2	**介護者に原因があると思われるとき**		
		ケース 32	大切にしていたお皿を、うっかり割ってしまった	82
		ケース 33	買い物をしてきたら、 「頼んだものと違う」と言われてしまった	84
	3	**どちらに原因があるともいえないとき**		
		ケース 34	入浴するとき下着を脱がせていたら、 破れてしまった	86
		ケース 35	帰る間際になって、 「今日は入浴はないのか」と聞かれた	88

PART5　体の不調を訴えられたときのコミュニケーション

	1	**突然の事故にあったとき**		
		ケース 36	ガスでお湯を沸かしていて、 やけどをしてしまった	92
		ケース 37	敷居につまずいて倒れてしまった	94
	2	**日ごろから訴えている症状が出たとき**		
		ケース 38	気分でも悪いのか、急にそわそわし始めた	96
		ケース 39	「血圧が高い、胃が痛い、目がかすむ」と 常に症状を訴えられ、仕事にならない	98

実際に介護を始める前に

　お年寄りの介護をするうえで、わきまえておきたいことは数多くあります。コミュニケーションに関しては本文で具体的なケースを取り上げながら紹介していますが、その前に基本的な心構えや心がけたいことを幾つかご紹介します。ケースの中で取り上げている項目もありますが、それだけ重要なポイントなので、ここでしっかり押さえておきましょう。

1．介護・福祉の仕事はサービス業である

　最初に、介護や福祉関係の仕事はサービス業だということをしっかり理解しておきましょう。現在の介護・福祉従事者にはサービス業であるという意識がまだ定着していないと、しばしばいわれます。サービス業に携わっているという意識が薄いと、お年寄りに対して、「介護してあげてるんだ」という気持ちになりがちで、関係がぎくしゃくします。たとえ表面に出していないつもりでも、ちょっとした言葉づかいや態度に表れるものです。「やってあげる」ではなく、「やらせてい

ただく」と相手を尊重する気持ちを基本としてください。その気持ちが根底にあるかないかで、お年寄りへの接し方が変わってくるのです。さらに、お年寄りは人生の師であり、介護をすることで人生の勉強をさせていただいている、という気持ちがあれば、相手からより信頼感を持ってもらえる介護ができるでしょう。

2．あいさつをきちんとする

あいさつはすべての人間関係の基本です。元気なあいさつをすることで、「今日も1日よろしくお願いします」と気持ちよく作業を始められます。たとえ疲れていても、「がんばろう」と気持ちが引き締まります。相手にとっても気持ちの切り替えができます。大きな声で元気よくあいさつすることを心がけましょう。

3．短気はダメ、心のゆとりを持つ

介護・福祉の仕事は、基本的に気の短い人には難しい面があるでしょう。お年寄りは若い人に比べると運動能力も思考能力もおとろえており、何をするにも時間がかかります。また、わがままになったり被害者意識が強くなったり、物忘れがひどくなって同じことを繰り返し言ったりと、しんぼう強くつき合わなければならない場面も多くあります。ですから介護・福祉従事者は、常に心にゆとりを持ってお年寄りに接することがとても大切なのです。

4．受け入れる心を持つ

お年寄りの中には、わがままになって理不尽なことを言う人もいます。しかし、どんなわがままでも、まずは受け入れましょう。お年寄

りは相手が聞いてくれるだけで、「この人は私のことを受け入れてくれる」と安心し、心を開いてくれます。そこから信頼関係が始まるのです。

５．相手の意向、意志をつねに確認する

　すべての作業をするにあたって、相手の意向を確認しながら進めることはとても大切です。あるホームヘルパーの方は、毎回玄関の前に立ったときに「自分のやり方で進めないこと」と自分に言いきかせてからドアを開けるそうです。たとえ毎回同じ作業を繰り返す相手であっても、１日の最初に「何から始めましょうか」と尋ねてみてください。しかもそれを、機械的な聞き方でするのではなく、１日のコミュニケーションの始まりとして尋ねるのです。お年寄りが「話をしたい」と思っているのならば、作業を中断してでも話を聞きましょう。そうすることで本人の気持ちが落ち着くならば、一番適切な介護をしたことになるのです。

６．発声法と上手なスピーチの仕方を学ぶ

　お年寄りと話をするときには話の中身も大切ですが、発音や発声も重要になってきます。お年寄りにとって聞き取りやすいのは、ちょっと大きめの声、明るめの言葉、はっきりした言葉づかいです。これを身につけるためには、声帯が柔らかくなっているお風呂の中で発声練習をすると効果的です。また、相手を説得できるような話し方、相手に心地よく感じてもらえる声、自分の気持ちを的確に伝えられる言葉の選び方などを学ぶために、上手なスピーチの仕方を勉強するとよいでしょう。

7．ユーモアを持つ

　特に一人暮らしのお年寄りの家は何となく湿っぽく、暗い感じがします。それを吹き飛ばすくらいのユーモアを交えながら、会話をしましょう。笑いが生まれればお年寄りにも活力が出てきて、家の中も明るくなります。

8．自分からスキンシップを心がける

　介護・福祉の仕事では、お年寄りと体が触れ合うことを恐れていてはいけません。積極的に自分からお年寄りの体に触ってみてください。触れるとお互いの体温が伝わり、気持ちも通じやすくなります。「大丈夫？」とただ声を掛けるより、そっと手を添えたほうがお年寄りは心を開いてくれるのです。相手が異性の場合でも、仕事であるという自覚を持って接すれば、触れることへの抵抗は少なくなるでしょう。

本書で学習する内容は基本です。応用力を養うようにしてください。

　本書では、ケースごとに好ましい対応を学びます。しかし、そこで学ぶのは、あくまでも基本的な対応です。介護・福祉は人間が相手の仕事です。一人ひとりみな違う人間ですから、ある人にとっては嬉しい対応でも、別の人に同じことが当てはまるとは限りません。また、同じ人でも体調や機嫌のよしあしによって、介護する側も臨機応変に対応していかなければなりません。実際の介護の場面では、本書の基本的な対応を頭に置いたうえで、機転を働かせ応用力を持って対応するようにしてください。

本書の使い方

　このワークブックは以下の項目で構成されています。それぞれの項目の意味をしっかりと理解し、学習してください。

◆実際に介護を始める前に
　お年寄りとコミュニケーションをとるうえでの基本的な心構えや心がけたいことが8項目挙げられています。具体的な39のケースについて学ぶときに、これらを念頭に置いて設問を考えてみましょう。実際に介護・福祉職に就いた後も、きっと役に立つ内容です。

◆ケース
　介護者が、お年寄りと接するときに経験しそうな、さまざまな場面をまとめてあります。自分がその介護スタッフであると仮定し、イラストを参考にしてその状況を想像しながら読んでください。

◆なぜコミュニケーションがうまくいかなかったのか
　1つのケースにつき、2つの問題が設定されています。ケースをよく読んで状況を想像しながら、あなたやグループの意見をまとめてください。そのとき、「考えるヒント」を参考にしてください。

◆Study ーー Good Communication のために……
　そのケースで、お年寄りとよりよいコミュニケーションをとるために介護者がどうすればよいかについての問いが設定されています。「考えるヒント」を参考にしながら、あなたやグループの意見をまとめてください。

PART 1
基本的にわきまえて おきたいこと

1 言葉づかいや話し方に気をつける
- ケース1 「こんにちは」が聞こえなかったために……
- ケース2 ぞんざいな言葉づかいで話したために……
- ケース3 「えっ？ えっ？」と聞き返されて会話にならない
- ケース4 「がんばってね」の一言が心を傷つける

2 過度にお年寄り扱いしない
- ケース5 「おばあちゃん、おばあちゃん」を連発して嫌われる
- ケース6 玄関まで手を引こうとしたら、強く手を払われた

3 お年寄りのプライドを尊重する
- ケース7 粗相をせずに食事ができたので「よく、はしが使えるようになりましたね」とほめたら……
- ケース8 過去のことを自慢するように延々と話す

4 介護される側の複雑な心理を理解する
- ケース9 散歩の途中で不意に黙り込んでしまった。なぜ？
- ケース10 繰り返し、同じ話をする

5 まずは相手の気持ちを受け入れる
- ケース11 散歩に行こうと誘ったら、過去にいやなことがあったと拒否された
- ケース12 二言めには「私なんて年寄りだから」と言って、否定的に受け止める

6 お互いのプライバシーを尊重する
- ケース13 別居している家族のことを尋ねたら、不機嫌になってしまった
- ケース14 仕事以外では何をしているのかと、しきりにこちらのことを尋ねる

❶言葉づかいや話し方に気をつける −1

「こんにちは」が聞こえなかったために……

　Cさんが初めてM老人のお宅を訪ねた日のことです。Cさんは張り切っていたのですが、迎えてくれたM老人の態度がおかしいのが気になりました。次に訪ねたときも、やはり態度がおかしいので思い切って理由を聞いてみました。するとM老人は「あなたは黙ってよその家に入ってくるのですか」と言うのです。Cさんは『えっ』と思いました。そういえば、Cさんは家に入るときに「こんにちは」をつぶやくように言っていたことを思い出したのです。あまりにも小声だったから、M老人には聞こえなかったのです。

なぜコミュニケーションがうまくいかなかったのか

ケースをよく読み、状況を想像しながら、以下の設問についてあなたの考えをまとめましょう。

設問1 M老人はあいさつがないことをどのように思ったのでしょうか。
考えるヒント
◇他のことがどんなによくできても、一番最初のあいさつがきちんとできないとよい印象は持たれません。そのことを考えてみましょう。
◇あいさつなしで家の中まで入ってこられたら、どんな気持ちがするでしょうか。

設問2 Cさんはどうしてはっきりとあいさつしなかったのでしょうか。
考えるヒント
◇Cさんが初めてM老人と会うときの気持ちを考えてみましょう。
◇最近は、きちんとあいさつのできない若い人が増えています。なぜあいさつができないのか考えてみましょう。

● Good Communication のために……

設問★ Cさんはどのようにあいさつすればよいのでしょうか。
考えるヒント
◇日常生活ではどのようなときにあいさつするか考えてみましょう。あいさつをするときには、どのようなことに注意するでしょうか。

❶言葉づかいや話し方に気をつける － 2

ぞんざいな言葉づかいで話したために……

　介護施設で働くAさんは23歳。入所者のB老人は76歳です。Aさんは室内で掃除をしながら、B老人が昨日あった出来事について話すのを聞いていました。丹精込めて育てていたすみれの芽がようやく出てきたというのです。Aさんが相づちを打つつもりで「そうなんだー、よかったじゃん」と言うと、B老人は「『そうですか、よかったですね』でしょう」と小さくつぶやきました。それを聞いて、Aさんはハッとしたのでした。

< Part 1　基本的にわきまえておきたいこと >

なぜコミュニケーションがうまくいかなかったのか

ケースをよく読み、状況を想像しながら、以下の設問についてあなたの考えをまとめましょう。

設問1　「『そうですか、よかったですね』でしょう」とつぶやいたB老人は、どんな気持ちだったのでしょうか。

考えるヒント

◇Aさんの言葉を聞いたB老人は「『そうですか、よかったですね』でしょう」と、小さい声でAさんの言葉づかいを注意しました。B老人の言葉と態度から、どのような気持ちが読み取れるでしょうか。

設問2　B老人の言葉と態度から、Aさんはどうしてハッとしたのでしょうか。

考えるヒント

◇Aさんは親しみを込めたつもりで、友達と接するのと同じようにB老人に話しかけました。ところが、それを聞いたB老人の反応からは、Aさんが思ったような親しみを感じた様子はありませんでした。そこでAさんはどんなことに気がついたのでしょうか。

● Good Communication のために……

設問★　AさんはB老人に対してどのような言葉づかいを心がければよいのでしょうか。

考えるヒント

◇Aさんは20代、B老人は70代です。年齢だけでなく、経験や考え方にも大きな差があります。このような場合、AさんのB老人に対する言葉づかいはどのようにするのがふさわしいでしょうか。

17

❶言葉づかいや話し方に気をつける － 3

CASE 3 「えっ？ えっ？」と聞き返されて会話にならない

　Kさんは I 老人のお宅で介護サービスを行っています。Kさんは大の話好き。お天気のことから、テレビの話題まで持ち出して話をしようとするのですが、I 老人は「えっ？　えっ？」とそのつど聞き返してくるので会話になりません。きっと耳が遠いにちがいないとKさんは思っていましたが、あるときテレビを見ていたK老人が「最近のアナウンサーは話し方が速くて、感じよくないね」と独り言のように言うのが聞こえました。『そういえば、私の話し方はどうだろうか？』。Kさんは、かつて友達に「早口で語尾がはっきりしない」と指摘されたことを思い出しました。

< *Part 1* 　基本的にわきまえておきたいこと >

なぜコミュニケーションがうまくいかなかったのか

ケースをよく読み、状況を想像しながら、以下の設問についてあなたの考えをまとめましょう。

設問1 なぜ、I老人はKさんに「えっ？　えっ？」と何度も聞き返したのでしょうか。
考えるヒント
◇I老人にはKさんの話が聞き取れなかったので何度も聞き返したのです。お年寄りの話したり聞いたりする能力は、若い人と比べてどうでしょうか。I老人の身体的な条件を考えてください。
◇Kさんの話し方はどうだったでしょうか。

設問2 「最近のアナウンサーは話し方が速くて、感じよくないね」と言ったとき、I老人はどんな気持ちだったのでしょうか。
考えるヒント
◇いつも相手の話が聞き取れないと、どんな気持ちがするか考えてみましょう。

● Good Communication のために……

設問★ Kさんは I 老人と話すときに、どのような話し方を心がければよいのでしょうか。
考えるヒント
◇お年寄りと話すときには、若い人どうしで話すときよりも気をつけなければいけないことが多くあります。日常での自分たちの話し方を思い出してみましょう。そのままの話し方でお年寄りに話しかけたらどうなるでしょうか。

❶言葉づかいや話し方に気をつける ― 4

CASE 4 「がんばってね」の一言が心を傷つける

　D老人のお宅でホームヘルパーをしているUさんは大のがんばり屋。得意な言葉も「がんばろう、がんばろう」です。今日はD老人がデイサービスに出かける日です。そこでUさんは、いつもの調子でD老人に「がんばってね」と声をかけました。それを聞いたD老人はムッとした様子。Uさんは「がんばってね」と励ましたつもりなので、ちょっと心外です。

なぜコミュニケーションがうまくいかなかったのか

ケースをよく読み、状況を想像しながら、以下の設問についてあなたの考えをまとめましょう。

設問1「がんばれ」の一言で、D老人はどんな気持ちになったのでしょうか。

考えるヒント
◇Uさんは励ましのつもりでしたが、D老人にはそうとは感じられませんでした。「がんばれ」という言葉を、D老人はどう受け取ったのか考えてみましょう。

設問2 Uさんの言った「がんばれ」という言葉が、D老人にどのような印象を与えたのかを考えてください。

考えるヒント
◇Uさんはあまり深く考えずに、いつもの調子で「がんばってね」と言いました。その言葉の与える印象を深く考えなかったのです。

● Good Communication のために……

設問★ Uさんはどのように声をかければよかったのでしょうか。

考えるヒント
◇同じ言葉でも、言ったほうと受け取ったほうでは解釈が違う場合があり、誤解することがあります。どのようなことに配慮して声をかければよかったのか考えてみてください。

❷過度にお年寄り扱いしない－1

CASE 5 「おばあちゃん、おばあちゃん」を連発して嫌われる

　Ｅさんは先月から70歳になるＡ老人の介護をしています。Ａ老人に対して、Ｅさんは何の疑問もなく「おばあちゃん、おばあちゃん」と呼びかけていました。そうすることで、親しみと尊敬の気持ちを示せると思っていたのです。しかし、あるときＡ老人の知り合いから「Ｅさんは、私のことを『おばあちゃん、おばあちゃん』としか言わない。私はそんなに年寄りか」と、Ａ老人がグチをこぼしていると聞きました。"おばあちゃん"と呼ばれるのが嫌だなんて。Ｅさんはびっくりしてしまいました。

なぜコミュニケーションがうまくいかなかったのか

ケースをよく読み、状況を想像しながら、以下の設問についてあなたの考えをまとめましょう。

設問1 A老人はなぜ、「おばあちゃん」という呼び方を嫌がったのでしょうか。

考えるヒント
◇年をとることをお年寄りはどのように感じているのでしょうか。
◇EさんはA老人を「おばあちゃん」と呼ぶことで、お互いを身近に感じ、親しみと尊敬の気持ちを示せると思い込んでいました。ですが、EさんはA老人の家族ではありません。よく知らない他人に「おばあちゃん」と呼びかけられたらどう感じるでしょうか。

● Good Communication のために……

設問★ EさんはA老人に対して、どのような呼び方をすればよいのでしょうか。

考えるヒント
◇相手に呼びかけるときには、「その人を一個人として認識している」と表明することが大切です。そうすることで人と人との対等な関係が築かれるのです。
◇人にはそれぞれ「こう呼ばれたい」という呼び方があります。それを知るためにはどうすればいいのでしょうか。

❷過度にお年寄り扱いしない ― 2

 6 玄関まで手を引こうとしたら、強く手を払われた

　Oさんが介護をしているS老人は元スポーツマン。今日はS老人がセンターにデイケアに出かける日です。S老人はデイケアセンターが大好きなので、朝からニコニコしています。センターのミニバスが到着する時刻になったので、支度をして玄関に向かいました。その歩き方が少しよろけながらだったので、Oさんは危ないと思い、黙って腕を支えようとしました。ところが、S老人は急に厳しい顔になり、語気強く「いいです」とOさんのさしのべた手を払いました。『大丈夫かしら。転んだらどうしよう』とOさんは気が気ではありません。

なぜコミュニケーションがうまくいかなかったのか

ケースをよく読み、状況を想像しながら、以下の設問についてあなたの考えをまとめましょう。

設問1 S老人はなぜ、Oさんのさしのべた手を振り払ったのでしょうか。

考えるヒント
◇S老人は元スポーツマンでした。そのようなS老人が、手をさしのべられても嬉しくないと思うのはどんなときか考えてみてください。

設問2 Oさんはどのようなことを考えてから行動するべきだったのでしょうか。

考えるヒント
◇Oさんは危ないと思い、黙ってS老人の腕を支えようとしました。その行動に問題はないでしょうか。

● Good Communication のために……

設問★ お年寄りが何かしようとしているとき、介護者としてどのようなことに気をつければいいのでしょうか。

考えるヒント
◇誰もが、最初から介護を必要としたわけではありません。それぞれに若いころがあり、自分一人で何でもできた時期のほうが長かったのです。そのようなお年寄りの気持ちを考えてみましょう。

❸お年寄りのプライドを尊重する −1

CASE 7 粗相(そそう)をせずに食事ができたので「よく、はしが使えるようになりましたね」とほめたら……

　K老人は右手が少し不自由なので、はしをしっかり持つことが難しい状態でした。そのため、しばしば食べものをこぼすことがありました。それでもこつこつとリハビリを続けた成果が出てきたのか、最近は以前のように食べものをこぼすことなく、はしを使えるようになりました。HさんはK老人の努力に感動して、食事のとき「はしがよく使えるようになりましたね」とほめました。その瞬間、K老人の顔がこわ張り、みるみる不機嫌になったのです。以後、しばらく口も聞いてくれませんでした。どうしてだろう？　Hさんは途方にくれてしまいました。

なぜコミュニケーションがうまくいかなかったのか

ケースをよく読み、状況を想像しながら、以下の設問についてあなたの考えをまとめましょう。

設問1 K老人はなぜ不機嫌になったのでしょうか。
考えるヒント
◇リハビリを熱心に行ったK老人の心中を考えてみてください。
◇他人からほめられて、少しも嬉しくないのはどんなときでしょうか。

設問2 HさんがK老人に対してとった態度は、どこが不適切だったのでしょうか。
考えるヒント
◇K老人は以前はきちんとはしを使っていました。初めてはしを使えるようになった小さい子供とは違うのです。

 ●Good Communication のために……

設問★ HさんはK老人に対してどのように声をかければよかったのでしょうか。
考えるヒント
◇K老人の努力に感動して声をかけるなら、どのような言葉がふさわしいでしょうか。

❸ お年寄りのプライドを尊重する ― 2

CASE 8 過去のことを自慢するように延々と話す

B老人は今年85歳。一人住まいで足腰は少し不自由ですが、精神は衰えていません。介護するKさんとのやりとりも明快そのものなのですが、少し困ったことがあります。それは、B老人が自分の過去のことを延々とKさんに話しかけること。その相手をしていると作業に差し支えることもあります。B老人の話というのは、子供たちや親戚がどこの学校を出たとか、どこの会社に勤めているとか、自分の実家は大変な資産家だったとか、小さいころにピアノを習っていたとか、ほとんどが昔の自慢話です。なぜ、そんな自慢話を繰り返すのだろうとKさんは理解できず、最近では苦痛にすらなっています。

< *Part 1　基本的にわきまえておきたいこと*>

なぜコミュニケーションがうまくいかなかったのか

　ケースをよく読み、状況を想像しながら、以下の設問についてあなたの考えをまとめましょう。

設問1 B老人はなぜ過去の自慢話ばかりするのでしょうか。
考えるヒント
◇B老人は一人住まいで、足腰が少し不自由です。ふだん外に出ることはあまりありません。そのようなB老人が話題にできることにはどのようなものがあるか考えてみましょう。
◇ふだんから話をする相手がいないB老人はどんな気持ちでいるか想像してください。

● Good Communication のために……

設問★ KさんはB老人の話にどのように対応すればよいのでしょうか。
考えるヒント
◇あまり愉快でない話だったとしても、介護者としてはどのような態度で聞けばよいでしょうか。

❹介護される側の複雑な心理を理解する ― 1

散歩の途中で不意に黙り込んでしまった。なぜ？

　C老人は、若いころはよく一人で外を散歩したものです。今日は朝から天気がよく、C老人はご機嫌です。あんまり気分がいいので、Dさんと久しぶりに付近を散歩することにしました。ゆっくりと歩きながら、ご近所の庭の品定めをしたり、街路樹をながめながら深呼吸したり。かねてからDさんは、C老人に散歩をすすめていました。健康にいいし気分もいいのだから、散歩こそお年寄りの最上の健康法と信じていたからです。DさんはC老人に「いつも言っているけれど、やっぱり散歩は気持ちいいでしょう？」と話しかけました。すると、それまで上機嫌だったC老人は急に黙り込んでしまいました。Dさんは訳が分からず、ぽかんとしてしまいました。

なぜコミュニケーションがうまくいかなかったのか

ケースをよく読み、状況を想像しながら、以下の設問についてあなたの考えをまとめましょう。

設問1 C老人が突然黙り込んだのはなぜでしょうか。
考えるヒント

◇C老人は、昔はよく一人で散歩をしていました。ところが今は介護者のDさんと一緒に散歩をしています。このような状況でDさんの言葉を聞いて、C老人はどんな気持ちになったのでしょうか。

設問2「いつも言っているけれど、やっぱり散歩は気持ちいいでしょう?」というDさんの言葉からは、どのような気持ちが読み取れるでしょうか。
考えるヒント

◇「いつも言っているけれど」「やっぱり」「～でしょう?」。このような言葉は、相手には一方的に聞こえることがあります。Dさんはそれを意識していたでしょうか。

● Good Communication のために……

設問★ DさんはC老人にどのような言葉をかければよかったのでしょうか。
考えるヒント

◇Dさん自身が「こんな天気のいい日に散歩をするのは気持ちがいい」と思ったのです。それを素直に伝えるには、どのような言葉がふさわしいでしょうか。

31

❹介護される側の複雑な心理を理解する ― 2

CASE 10 繰り返し、同じ話をする

FさんがN老人との会話で困っているのは、同じ話を繰り返しされることです。話自体はとてもおもしろいのですが、繰り返し話されると、さすがに応対に困ってしまいます。先週聞いた話ならともかく、先ほど聞いたばかりの話をまた聞かされると、愉快な話でも二度笑う気にはなれず、かといって「その話はもう聞きました」とも言えません。心の中で『しつこいな』と思う気持ちがたまる一方です。最近ではN老人と、話をするのが苦痛になってきました。

< Part 1 　基本的にわきまえておきたいこと >

なぜコミュニケーションがうまくいかなかったのか

ケースをよく読み、状況を想像しながら、以下の設問についてあなたの考えをまとめましょう。

設問1 Ｎ老人はなぜ、何度も同じ話を繰り返すのでしょうか。
考えるヒント
◇人が同じ話を繰り返すときの心理を考えてみましょう。

設問2 ＦさんがＮ老人と話すのを苦痛に感じてしまうのはなぜでしょうか。
考えるヒント
◇同じ話を繰り返されてうんざりしてしまうことはよくあります。ですが相手はお年寄りであり、その人の相手をするためにＦさんは介護をしているのです。Ｆさんに欠けているのはどのような気持ちでしょうか。

● Good Communication のために……

設問★ ＦさんはＮ老人に対しどのような態度をとればよいのでしょうか。
考えるヒント
◇我慢して聞くだけではなく、同じ話を繰り返させないようにすればよいのです。別の話へと展開を図るにはどうすればいいか考えてみましょう。

❺まずは相手の気持ちを受け入れる ― 1

 CASE 11 散歩に行こうと誘ったら、過去にいやなことがあったと拒否された

　DさんがS老人を散歩に誘っても、いつも「NO」です。ある日買い物で一緒に外出したとき、犬を連れた人とすれ違いました。そのとき、S老人は激しく動揺したのです。はっと思ったDさんが「犬はお嫌いですか」と聞くと、かつて散歩に行ったとき、放し飼いの犬に追い回されて怖かったことがあったと話してくれました。それが散歩に行かない理由でした。Dさんは大の犬好きです。どんな犬でもなつかせる自信があります。そこで「私がいれば大丈夫です。これからは一緒に散歩に行きましょうよ」と改めて誘いました。そうすると、S老人はますます堅い顔になります。私と一緒なら大丈夫なのに。Dさんは少々不満です。

なぜコミュニケーションがうまくいかなかったのか

ケースをよく読み、状況を想像しながら、以下の設問についてあなたの考えをまとめましょう。

設問1 犬に追い回された体験は、S老人にとってどのようなものだったのでしょうか。
考えるヒント

◇心身の傷がその後の行動にどのように影響するか考えてください。
◇自分が今までに受けた恐ろしい体験や、いやな思いをした体験を思い出しましょう。

設問2 Dさんのどのような言動が、S老人の表情を曇らせたのでしょうか。Dさんの対応の問題点を考えてください。
考えるヒント

◇DさんはS老人の気持ちをどのように受け止めているでしょうか。
◇設問1で思い出した、自分のいやな体験をだれかに話したとき、もしも相手から「それはたいしたことではない」という反応をされたらどんな気持ちがするか想像してください。

Study ● Good Communication のために……

設問★ DさんはS老人に対し、どのように対応すればよいのでしょうか。
考えるヒント

◇心身の傷をカバーするときの気づかいについて考えてください。
つらいことや悲しいことがあったとき、周りの人にどうしてもらいたかったか、思い出してください。

❺まずは相手の気持ちを受け入れる－2

CASE 12 二言めには「私なんて年寄りだから」と言って、否定的に受け止める

　Ａ老人70歳。見かけはまだまだ若々しいのに、周囲から何か提案されても「私なんて年寄りだから」と言い、「だからできない、だからしない」と否定的に受け止めます。Ｕさんが、春だからおしゃれをしたらどうですか、栄養のあるものを食べたらどうですか、便利な洗面道具がありますよと言っても、すべて「私なんて年寄りだから」「もう年だから」と言って拒否します。「そんなことはないですよ」とＵさんは一応言いましたが、内心では『そうなのか、70歳にもなるとやはり年をとったという感じを持つのかな』と半ば納得しています。最近ではＵさんも、提案しなくなってきました。

なぜコミュニケーションがうまくいかなかったのか

ケースをよく読み、状況を想像しながら、以下の設問についてあなたの考えをまとめましょう。

設問1 A老人が何かあるたびに、年寄りであることを強調するのはなぜでしょうか。

考えるヒント
◇おしゃれをすること、栄養のあるものを食べることなど、Uさんの提案することをA老人は本当にしたくないのでしょうか。お年寄りが「自分は年をとった」と言うとき、それは本当の気持ちなのか、偽りの気持ちなのかを考えてみましょう。

設問2 A老人の言葉を受けてのUさんの対応の問題点を考えてください。

考えるヒント
◇UさんはA老人の「私なんて年寄りだから」という言葉をそのまま受け止め、いろいろな提案をしなくなってしまいました。UさんはA老人の本当の気持ち、言葉の裏側にある心理まで考えて行動したのでしょうか。

Study ● Good Communication のために……

設問★ Uさんは高齢を強調するA老人に対し、どのように対応すればよいのでしょうか。

考えるヒント
◇年をとることでどのようなプラス面がありますか。具体的に考えてみてください。

❻お互いのプライバシーを尊重する ― 1

CASE 13 別居している家族のことを尋ねたら、不機嫌になってしまった

　J老人は一人暮らしです。話の様子からすると、別の町に息子さん一家がいるようです。時々、息子さん一家の写真をじっとながめています。見せてもらうと、かわいらしいお孫さんも写っていました。Oさんは「かわいいですね。何歳ですか？」と聞くと、J老人はうれしそうに孫について話し始めました。それでOさんは「一緒にお住みになりたいでしょう」と言ったのです。ところが、そう言った瞬間、J老人の顔は硬くなり、それ以後家族の話はしなくなりました。単純に気持ちを聞いただけなのにと、OさんはJ老人の変わりようが理解できません。

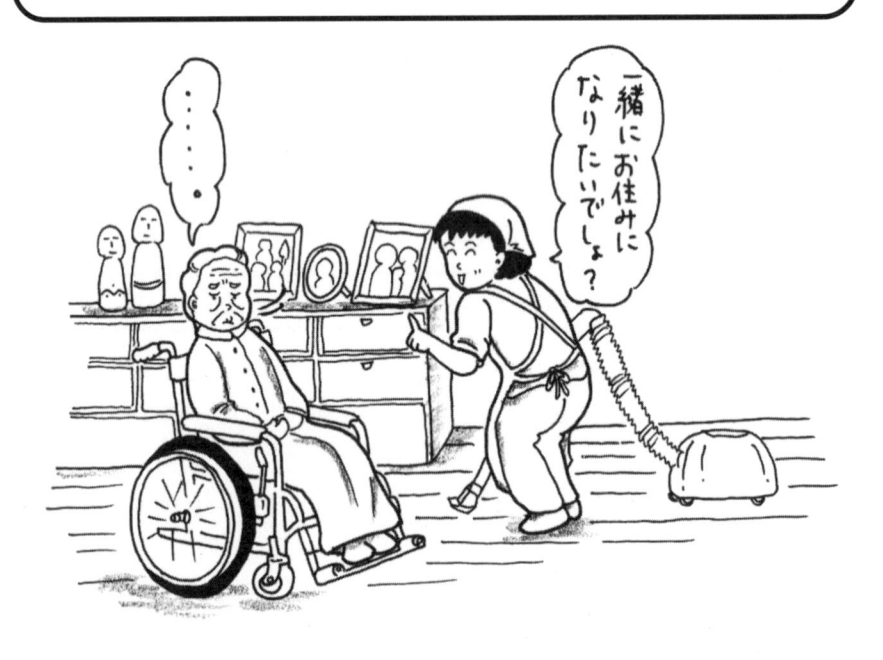

なぜコミュニケーションがうまくいかなかったのか

ケースをよく読み、状況を想像しながら、以下の設問についてあなたの考えをまとめましょう。

設問1 家族との同居の話をされて、J老人はどのように感じたのでしょうか。

考えるヒント
◇年をとって、一人暮らしをする人の気持ちを考えてください。
◇他人に触れられたくないことについて、何か言われたときの気持ちを思い出してください。

設問2 Oさんの対応の問題点を考えてください。
考えるヒント
◇OさんはJ老人に問いかけた内容は、他人が尋ねてもよいことだったのでしょうか。また、Oさんは仕事としてJ老人の介護をしている立場だということを思い出してください。

Study スタディ ● Good Communication のために……

設問★ 他人のプライバシーにはどこまで入れるのでしょうか。どのような分野の話には立ち入るべきではないのかを具体的に考えてみましょう。

考えるヒント
◇OさんはJ老人に対し、どのように対応すればよかったのかを考えながら、一般的に他人に触れられたくないプライバシーとはどのようなものかを考えましょう。

❻お互いのプライバシーを尊重する ― 2

CASE 14 仕事以外では何をしているのかと、しきりにこちらのことを尋ねる

　Hさんが担当しているI老人は大の話し好き。テレビもよく見ているようで、政治・経済・社会・スポーツ・芸能と話題も豊富です。それはいいのですが、合間にしきりとHさんの個人的なことを聞くのです。最初のころは「仕事が終わると何をしているの？」「子供さんはいるの？」程度の質問だったので答えていたのですが、段々とエスカレートしてきて「だんなさんの会社はどこ？」「いくらくらい給料をもらっているの？」と尋ねるようになってきました。そこまで答える必要があるのだろうかと、Hさんは応答に迷っています。

なぜコミュニケーションがうまくいかなかったのか

ケースをよく読み、状況を想像しながら、以下の設問についてあなたの考えをまとめましょう。

設問1 I老人がHさんのプライバシーに関心を示すのはなぜでしょうか。

考えるヒント

◇なぜ人は他人のことに関心を示すのか考えてみてください。
◇親しい友人と、それほど親しくない人とでは、その人のことを深く知りたいと思う度合いが違いませんか。

設問2 I老人の質問にHさんは最初のうちは答えていたけれど、内容がエスカレートするに従って応答に迷っています。Hさんの対応はよかったのかどうかを考えてください。

考えるヒント

◇介護の仕事をするうえでは、お年寄りとよい関係を保ち続けなければいけません。そのことを踏まえて、Hさんの対応がどうだったかを考えてください。

Study ●Good Communication のために……

設問★ Hさんはどのように応答すればよいのでしょうか。

考えるヒント

◇話したくないことについて悪意はなく尋ねられたらどうするか、考えてください。
◇介護者のプライバシーについてはどのように扱えばよいのか、考えてください。

PART 2

気持ちよく作業するための
コミュニケーション

1 食事時のコミュニケーション
　　ケース15　食事を強くすすめたら怒り出してしまった
　　ケース16　食べ物を口からこぼすので「エプロンをつけてください」と頼んだら……

2 入浴時のコミュニケーション
　　ケース17　なかなか服を脱ぎたがらない
　　ケース18　限られた時間内に、急いで入浴してもらおうとしたが……

3 排泄時のコミュニケーション
　　ケース19　どうしても粗相をしてしまう
　　ケース20　排泄の汚れ物をしまいこんでしまう

4 その他の家事のコミュニケーション
　　ケース21　やってほしいことを、はっきりと表現してくれなくて困る
　　ケース22　古新聞を捨てたら怒られてしまった
　　ケース23　「家事のやり方が違う」といちいち文句をつけられる

❶食事時のコミュニケーション－1

CASE 15 食事を強くすすめたら怒り出してしまった

いつもは快活に食事をするE老人が今日は食欲がありません。Gさんはおかしいと思い、「食事をとらないと体力がつかないから、食べなければだめですよ」と少し強く注意しました。最初は、ふんふんと聞いていたE老人も、重なる注意に「私の勝手でしょう」と怒り出してしまったのです。せっかく心配して注意したのにと、Gさんは不満でした。

なぜコミュニケーションがうまくいかなかったのか

ケースをよく読み、状況を想像しながら、以下の設問についてあなたの考えをまとめましょう。

設問1 E老人はなぜ怒り出したのでしょうか。
考えるヒント
◇あなた自身が、食欲がないときに「食事をしたほうがいいですよ」と強く言われたらどのように感じますか。

設問2 E老人に対するGさんの対応の問題点を考えてください。
考えるヒント
◇Gさんは食欲のないE老人に対し、「食べなければだめですよ」と少し強く注意しました。この言葉からはGさんのどのような気持ちが感じられるでしょうか。
◇Gさんは親切心から食事をすすめたのですが、それは本当にE老人の立場に立っての対応だったのでしょうか。

Study スタディ ● Good Communication のために……

設問★ Gさんはどのように対応すればよいのでしょうか。
考えるヒント
◇あなたが食欲のないときにどうしてほしいか、どのように声をかけてもらいたいか、考えてください。
◇どうしても食事をとりたがらない人に対して、何ができるでしょうか、考えてください。
◇食事を楽しくするためにできる工夫を考えてください。

❶食事時のコミュニケーション－2

CASE 16 食べ物を口からこぼすので「エプロンをつけてください」と頼んだら……

食欲おうせいなＡ老人。たくさん食べてくれるのはよいのですが、いつも食べ物を口からポロポロこぼすので、Ｂさんは片づけの手間や洗濯物が増えて困っています。そこでＢさんは丁寧に「Ａさん、食べる物が口からこぼれますので、今度からエプロンをつけていただけますか」とお願いしたら、途端にＡ老人の顔が曇りました。それ以来、Ａ老人はエプロンをつけてくれるようになりましたが、食事の量がめっきり減ってしまいました。Ｂさんはどうしてなのか、不思議でしかたありません。

< *Part 2* 気持ちよく作業するためのコミュニケーション>

なぜコミュニケーションがうまくいかなかったのか

ケースをよく読み、状況を想像しながら、以下の設問についてあなたの考えをまとめましょう。

設問1 A老人はBさんのお願いに対し、なぜ悲しそうな顔になったのでしょうか。

考えるヒント
◇いくら丁寧にお願いされたとしても、エプロンをつけるということは子供扱いされたのと同じです。そのように扱われたA老人の心理を考えてください。
◇お年寄りは体が少しずつ不自由になり、思うように動かせなくなることを思い出してください。

設問2 A老人の食事量はなぜ減ってしまったのでしょうか。

考えるヒント
◇設問1で考えたA老人の気持ちを踏まえて、Bさんの言動がA老人にどのような心理的影響を与えたかを考えてください。

Study ● Good Communication のために……

設問★ Bさんはどのような心構えと態度で接すればよいのでしょうか。

考えるヒント
◇Bさんは何のためにA老人にエプロンをつけさせたのでしょうか。Bさんの本来の仕事が何であるかを、よく考えてください。
◇食べ物がこぼれにくいようにするために、Bさんはどのような工夫ができるのか考えてください。

❷入浴時のコミュニケーション－1

CASE 17 なかなか服を脱ぎたがらない

C老人は話し好きでおだやかな人柄です。DさんはC老人の介護はとてもしやすいと感じています。そのC老人に一つだけやっかいなことがあります。入浴のとき、なかなか服を脱ぎたがらないのです。Dさんは、お年寄りはお風呂が好きなものと思っているので、なぜ脱ぎたがらないのか、とても不思議です。それに、いつもはいろいろ話しかけてくるC老人なのですが、入浴中はあまり話をしません。Dさんにとっては、そのことも謎です。

<Part 2　気持ちよく作業するためのコミュニケーション>

なぜコミュニケーションがうまくいかなかったのか

ケースをよく読み、状況を想像しながら、以下の設問についてあなたの考えをまとめましょう。

設問1 C老人はどんな理由で、服を脱ぎたがらないのでしょうか。
考えるヒント
◇人間は誰もが羞恥心を持っていることを考えましょう。
◇入浴という行為はとても体力を必要とします。そのことを踏まえてお年寄りにとって入浴がどんな作業か、それをDさんに介護してもらうC老人の気持ちはどうかを考えてください。

設問2 Dさんは何か勝手に思い込んでいることはありませんか。Dさんの心構えの問題を考えてください。
考えるヒント
◇Dさんはお年寄りは入浴が好きだと思っていますが、皆が皆、そうなのでしょうか。

Study ● Good Communication のために……

設問★ DさんはC老人に対し、どのような心構えで接すればよいのでしょうか。
考えるヒント
◇設問1で考えたことをもう一度思い出しましょう。
◇C老人の立場に立った介護の工夫として、どのようなことができるかを考えましょう。

❷入浴時のコミュニケーション − 2

CASE 18 限られた時間内に、急いで入浴してもらおうとしたが……

　Ｆさんは限られた時間内にさまざまな作業をしなければなりません。その中でも入浴介護は大変な作業で時間をとるので、できるだけ手早く入浴してもらおうと思っています。実際にこれまでも、テキパキとＨ老人の入浴介護をしてきました。しかしＨ老人は最近、「早く入浴を……」とすすめても、なかなかすっと入ってくれません。Ｈ老人は本来、大の入浴好き。最初のころは喜んで入浴していたのですが、最近はなぜかしぶりがちです。どうしてなのか、Ｆさんには理由がよく分かりません。

< *Part 2*　気持ちよく作業するためのコミュニケーション >

なぜコミュニケーションがうまくいかなかったのか

　ケースをよく読み、状況を想像しながら、以下の設問についてあなたの考えをまとめましょう。

設問1 H老人はなぜ入浴をしぶるようになったのでしょうか。
考えるヒント
◇H老人はもともと入浴が好きでした。最初のころは喜んで入浴していたのに、Fさんが介護をしているうちに、いつのまにか入浴をしぶるようになったのです。Fさんのどのような言動がH老人の気持ちに影響したのでしょうか。
◇自分が入浴するときに、だれかにせかされた場合を想像してみてください。

設問2 Fさんの介護者としての心構えや対応の問題点を考えてください。
考えるヒント
◇Fさんはだれのため、何のために介護をしているのかをよく考えてください。

Study スタディ ● Good Communication のために……

設問★ Fさんはどのような心構えで接すればよいのでしょうか。
考えるヒント
◇何もかも予定どおり仕事をこなさなければいけないと思わず、一番重要なことは何かを考えてみましょう。

❸排泄時のコミュニケーション−1

CASE 19 どうしても粗相をしてしまう

　J老人はこのところ、トイレが近くなっています。それだけならばよいのですが、トイレが間に合わず、粗相をしてしまうことも増えてきました。もちろん、J老人はそのことを気にしているのですが……。介護者のTさんは、つい「トイレならば早くおっしゃってくださいね」と、きつい調子で言ってしまい、J老人は泣きそうになっています。

< *Part 2* 気持ちよく作業するためのコミュニケーション >

なぜコミュニケーションがうまくいかなかったのか

　ケースをよく読み、状況を想像しながら、以下の設問についてあなたの考えをまとめましょう。

設問1 J老人は粗相をしてしまうことについて、具体的にどんなふうに気にしているのでしょうか。
考えるヒント
◇粗相をすることの情けなさ、恥ずかしさを考えてください。

設問2 J老人に対する、Tさんの心構えと態度の問題点を考えてください。
考えるヒント
◇Tさんは粗相をどのように考えているのか、想像してください。
◇失敗したと思っている人に対する言葉づかい、態度はどうあるべきか考えてください。

Study スタディ　● Good Communication のために……

設問★ TさんはJ老人に対し、どのような対応をすればよいのでしょうか。
考えるヒント
◇お年寄りの排泄物を片づけることをどこかで「いやだ」「汚い」「面倒くさい」と感じていないか、自分を振り返りましょう。また、そのことが知らず知らず態度に表れていないか、反省してみましょう。
◇お年寄りができるだけ粗相をしないように、介護者としてどのような工夫ができるか考えてください。

❸排泄時のコミュニケーション－2

CASE 20　排泄の汚れ物をしまいこんでしまう

　E老人は、ときどき粗相をしてしまいます。E老人は後始末をしてくれるFさんに申し訳ないと思っているのですが、つい粗相をしてしまうのです。今日もE老人は粗相をしてしまいました。『しまった』と思ったE老人は汚れた下着を自分で洗おうと思い、押し入れの中にしまいこみました。しかし、部屋の片づけをしていたFさんがその下着を見つけてしまったのです。『どうして隠すのだろう。洗濯をするのが私の仕事なのに』。FさんはE老人の気持ちが理解できません。思わずため息をついてしまいました。

なぜコミュニケーションがうまくいかなかったのか

ケースをよく読み、状況を想像しながら、以下の設問についてあなたの考えをまとめましょう。

設問1 E老人はどんな気持ちで、汚れた下着を押し入れに隠したのでしょうか。

考えるヒント
◇自分の粗相をほかの人に片づけてもらう恥ずかしさ、つらさ、悲しさを想像してください。

設問2 Fさんの心構えや態度の問題点を考えてください。

考えるヒント
◇FさんはE老人の行動をどのように見ているか想像してください。
◇Fさんが思わずとった行動は、Fさんのどのような気持ちの表れでしょうか、考えてください。

Study スタディ ● Good Communication のために……

設問★ FさんはE老人に対して、どのように接すればよいのでしょうか。

考えるヒント
◇介護者の心構えが変わることによって、介護者の行動や表情も変わります。Fさんはどのような心構えを持てばよいか考えてください。
◇もし、汚れ物を見つけたら、どのような行動をすればE老人の気持ちを一番傷つけないかを考えてください。

❹その他の家事のコミュニケーション－1

CASE 21 やってほしいことを、はっきりと表現してくれなくて困る

　Ｙさんが担当するＵ老人は、何事につけ自分の気持ちをはっきりと表現してくれません。そこで、Ｙさんのほうから「これは、こうですか」と聞いたり、「これは、こうしてみてはいかがでしょうか」といろいろと提案しているのですが、それに対するＵ老人の返事は、なにかを言いたそうなのに、いつもあいまいです。別に無愛想なわけではなく、ニコニコ笑ってはいるのですが、ただ聞くだけのことが多いのです。最近ではＹさんは自分の判断でどんどん物事を進めるようになり、会話は途切れがちです。

< Part 2　気持ちよく作業するためのコミュニケーション>

なぜコミュニケーションがうまくいかなかったのか

ケースをよく読み、状況を想像しながら、以下の設問についてあなたの考えをまとめましょう。

設問1 U老人が、何事につけ自分の気持ちや希望をはっきりと表現しないのは、どんな理由からでしょうか。

考えるヒント

◇お年寄りの多くは自立の気持ちが強く、他人の世話はなるべく受けないようにと思っています。そのような心持ちだと、どのような態度になるか、想像してください。

設問2 Yさんが積極的に提案したり希望を聞いているのに、なぜU老人は答えてくれないのでしょうか。Yさんの問題点を挙げてみましょう。

考えるヒント

◇自分がだれかに声をかけられたり質問をされても、答えたくないときがあります。それはどういうときに多いのか、考えてください。

Study　スタディ　● Good Communication のために……

設問★ Yさんは無口なU老人に、どのように接すればよいのでしょうか。
考えるヒント

◇お年寄りは物事を決めたり、行動に移るのに時間がかかりがちです。そのことにイライラせず、お年寄りの意向を引き出すにはどうしたらよいか、考えてください。

◇お年寄りは聴覚が衰えていることが多く、相手の会話が聞き取りにくくなっています。どのように話したら、こちらの話していることが正確に伝わるでしょうか。

❹その他の家事のコミュニケーション − 2

CASE 22 古新聞を捨てたら怒られてしまった

　G老人は節約家です。新しい物を使いたがらず、古い物をいつまでも使おうとします。時には、鼻をかんだティッシュペーパーまで、また使おうと引き出しにしまうこともあります。着ている服もたびたび洗濯するのはもったいないと、あまり着替えようとしません。もちろん新しい服はめったに着ません。Hさんは掃除をしていて古新聞を捨てたところ、「何かに使おうととっておいたのに」とG老人に怒られてしまいました。「古新聞を何に使うのだろう」。HさんはG老人の気持ちが理解できません。

< Part 2　気持ちよく作業するためのコミュニケーション >

なぜコミュニケーションがうまくいかなかったのか

　ケースをよく読み、状況を想像しながら、以下の設問についてあなたの考えをまとめましょう。

設問1 なぜG老人は古い物をいつまでも使おうとするのでしょうか。
考えるヒント
◇今のお年寄りは物が極度に不足している時代を経験しています。鼻紙1枚でも貴重だった時代を経験するとどのような心理になるか、想像してみましょう。

設問2 G老人は古新聞を捨てられて、なぜ怒ってしまったのでしょうか。Hさんの行動の問題点を考えてください。
考えるヒント
◇他人にとっては何でもない物でも、自分にとってはとても大切、ということがあります。それを勝手に処分されたり片づけられたときの気持ちを考えてみましょう。

Study　● Good Communication のために……

設問★ HさんはG老人に対して、どのように対応するべきだったのでしょうか。
考えるヒント
◇自分の経験や基準にこだわるとお年寄りとのコミュニケーションはうまくいきません。お年寄りのどういうところを尊重すれば、よい関係が築けるか考えてください。

❹その他の家事のコミュニケーション－3

CASE 23 「家事のやり方が違う」といちいち文句をつけられる

　J老人はIさんの家事のやり方にいちいち文句をつけます。洗濯をしていると「この服とこの服は一緒に洗わないで」。干していると「靴下はこう干すのよ」。残った食べ物にラップをかけて冷蔵庫にしまおうとすると「ちゃんとタッパーに入れて」。アイロンをかけていたら「袖は最後にアイロンして」……。Iさんは家事は得意だし、きちんとこなす自信もあるので、「私にどうして任せてくれないの」と不満です。最近は、J老人のお宅へ行くのがゆううつです。

なぜコミュニケーションがうまくいかなかったのか

ケースをよく読み、状況を想像しながら、以下の設問についてあなたの考えをまとめましょう。

設問1 J老人のように、特に女性のお年寄りは家事について自信があり、自分のやり方にこだわります。それはなぜでしょうか。

考えるヒント
◇家事にはその家やその人独自のやり方があります。多くのお年寄りは家や自分のやり方にこだわっています。そのやり方で長年過ごしてきたし、実績もあるからです。そのことが態度にどう影響するかを考えてください。

設問2 Iさんは自信のある家事で、どうしてJ老人にいちいち文句をつけられるのでしょうか。

考えるヒント
◇自分が自信のある分野だと、どういう心理や態度になるでしょうか。特に自信を持ちすぎているようなときの心理や態度を考えてください。そのことがJ老人の言動に大きく関係してくるのです。

Study ● Good Communication のために……

設問★ Iさんは家事を始める前に、どのような点を心がければよかったのでしょうか。

考えるヒント
◇家事をするときは、自分一人でやるのではなく、目の前のお年寄りと一緒に行うのだと想像してください。そして、そのお年寄りの意向や注文を確認するためには、どうしたらよいかを考えてください。

PART 3

相手の心を傷つけない
コミュニケーション

1 親しさを過剰に示されたとき
　　ケース24　「お礼です」と言って、しきりに金品を贈ろうとする
　　ケース25　男性老人から愛情表現をされて、戸惑ってしまった

2 お年寄りから自分勝手と思われることを言われたとき
　　ケース26　こたつに座りながら、嫌味なことを連発する
　　ケース27　家族の料理や仕事を頼んでくる

3 相手がコミュニケーションをとろうとしないとき
　　ケース28　話しかけても、ほとんど返事をしてくれない
　　ケース29　名前を覚えてくれず、「ねえー」「あのー」と呼びかける

❶親しさを過剰に示されたとき－1

CASE 24 「お礼です」と言って、しきりに金品を贈ろうとする

N老人は、何か作業をしてもらうたびに、関係者に金品を贈ろうとします。Lさんに対してもそうします。買い物をしてもらったといっては、「これ、少ないけれどお礼」。玄関を片づけてもらったといっては、「これ、とっといてください」。Lさんにしてみれば仕事だからやっているのだし、正規の介護費用もきちんともらっているのだから、特別なお礼をもらう理由はありません。Lさんは1回はもらったものの、次からどうしたらいいのか迷っています。

64

<Part 3 相手の心を傷つけないコミュニケーション>

なぜコミュニケーションがうまくいかなかったのか

ケースをよく読み、状況を想像しながら、以下の設問についてあなたの考えをまとめましょう。

設問1 N老人は、事あるたびに、なぜ金品を贈ろうとするのでしょう。
考えるヒント
◇お礼の気持ちを表現するには、どのような方法がありますか。その中で金品を贈るというのはどういう位置にあるのでしょうか。そのことについて考えてみてください。

設問2 LさんはN老人からのお礼をもらうことについて迷っています。あなたならばどう考えますか。
考えるヒント
◇Lさんが迷っているのは、介護者は正規の報酬以外のお礼を受け取っていいのかどうか、その原則が分からないからです。その原則と理由を考えたうえで、あなたならどうするか想像してください。

Study ●Good Communication のために……

設問★ LさんはN老人に対してどのような態度をとればよいのでしょうか。
考えるヒント
◇金品を贈ることがよいか悪いかはともかく、N老人の行動の底にあるのは相手に対する好意です。その好意の意味をよく考えましょう。また、好意を無にしないように断る言い方を考えてください。

❶親しさを過剰に示されたとき－2

CASE 25 男性老人から愛情表現をされて、戸惑ってしまった

　T老人はひょうきんで愛想がよくて、施設の人気者です。Jさんもそんなt老人が好きでお世話にもつい力が入ります。ところがある日、T老人はお世話をしているJさんの手を強く握ってきたのです。そして、「Jさん、いつもありがとう。とても好きだよ」と訴えるような目で言うのでした。思わず握られた手をふりほどいたJさんは、これから先、T老人とどう接触していいのか分からなくなり、なんとなくよそよそしい態度しかとれません。

<Part 3　相手の心を傷つけないコミュニケーション>

なぜコミュニケーションがうまくいかなかったのか

ケースをよく読み、状況を想像しながら、以下の設問についてあなたの考えをまとめましょう。

設問1 T老人はどんな気持ちでJさんの手を握ったのでしょうか。
考えるヒント
◇どのようなときであっても、だれかに優しく親切にしてもらったときはうれしいものです。そのときの気持ちが発展するとどのような感情になるでしょうか。

設問2 Jさんは思わずT老人の手をふりほどいてしまいました。このときのJさんの対応の問題点はどこでしょうか。
考えるヒント
◇Jさんの対応は当然でしょうか、それともおかしかったでしょうか。Jさん、T老人それぞれの気持ちを推測しながら、あなたの考えをまとめてください。

Study　●Good Communication のために……

設問★ T老人のような感情や行動に対し、どのように接すればよいのでしょうか。
考えるヒント
◇介護者とお年寄りとはできるだけ良好な関係を保っていかなければなりません。そのためには、まず介護者側の冷静な判断、節度を持った対応や行動が必要です。そのためにはどうしたらよいでしょうか。

❷お年寄りから自分勝手と思われることを言われたとき —1

CASE 26 こたつに座りながら、嫌味なことを連発する

　Mさんが担当するY老人は一人住まい。意識ははっきりしているのですが足腰が丈夫ではなく座りっぱなしです。Mさんが作業していると、それをじっと目で追いながら「あなたの足って、わりと太いのね」「髪に白いものが混じってる。そろそろ染めたほうがいいんじゃない」「まあまあ、元気がよろしいこと。少しお静かに願いますよ」と嫌味なことを言い続けます。初めのうちは受け流していたMさんですが、ある時、たまらず「ずいぶん嫌味がお上手なんですね」と、嫌味を言い返してしまいました。言ってから『しまった』と後悔するMさん。それ以来、関係はなんとなくしっくりいきません。

<Part 3 相手の心を傷つけないコミュニケーション>

なぜコミュニケーションがうまくいかなかったのか

ケースをよく読み、状況を想像しながら、以下の設問についてあなたの考えをまとめましょう。

設問1 Y老人はMさんに対し、なぜ、しばしば嫌味を言うのでしょうか。

考えるヒント
◇年をとったり、あるいは病気やけがをして自分が健康でないとき、周囲の健康で元気な人を見てどのように感じるか考えてみましょう。

設問2 Mさんは思わず嫌味を言い返して、『しまった』と思いました。なぜ、『しまった』と思ったのでしょうか。

考えるヒント
◇きちんとしたコミュニケーションを成立させるために、嫌味や小言、叱責などのきつい言葉、マイナスの言葉がどのような障害を生むのかを考えてください。

Study スタディ ● Good Communication のために……

設問★ Y老人のような嫌味に対して、どのように対応すればよいのでしょうか。

考えるヒント
◇どのような状況にあっても、介護者としての冷静な判断、動作を失わないためにはどうすればよいのでしょうか。

❷お年寄りから自分勝手と思われることを言われたとき－2

CASE 27 家族の料理や仕事を頼んでくる

　HさんがS老人の世話をするようになって3か月。お互いの気心もだいぶ分かって、仕事もスムーズにいくようになりました。ただし、最近になって困ったことが起きています。S老人が家族のための作業も頼むようになってきたのです。S老人の家族は共働きの息子夫婦に大学生の孫が一人。息子夫婦が遅い日など、買い物をしておいてくれないかと言ったり、天気がよい日は布団を短時間でいいから干してくれ、ついでに家族の洗濯もしてくれなどと言います。Hさんはそこまでしなければならないのかと疑問に思っていますが、簡単な仕事だからやってもいいかとも思い、迷っています。

なぜコミュニケーションがうまくいかなかったのか

ケースをよく読み、状況を想像しながら、以下の設問についてあなたの考えをまとめましょう。

設問1 ホームヘルパーの仕事の範囲はどこまででしょうか。家族の仕事もするべきでしょうか。

考えるヒント
◇ホームヘルパーの仕事の原則を思い返してください。ホームヘルパーはだれのために仕事をするのでしょうか。

設問2 S老人はどのような気持ちから、Hさんに家族の仕事を頼んでいるのでしょうか。

考えるヒント
◇家族に対する老人の気持ちや、ホームヘルパーに対する理解といった観点から考えてください。

Study ● Good Communication のために……

設問★ HさんはS老人の依頼に対して、どのように対応すればよいでしょうか。

考えるヒント
◇S老人に対する応対のほかに、S老人の家族に対してもどのように応対すればよいか考えましょう。

❸相手がコミュニケーションをとろうとしないとき ― 1

CASE 28 話しかけても、ほとんど返事をしてくれない

　Ｉさんは陽気で、ちょっと早口のおしゃべりな性格です。だから、お世話するお年寄りともすぐ打ちとけて仲良くなります。陽気に話し合いながら仕事をすれば、仕事も楽しくなるし、雰囲気も明るくなるからお年寄りにも喜ばれると信じています。しかし、Ｗ老人は違いました。こちらが天気のこと、テレビのこと、週刊誌で話題になっている事件のこと、料理のことと、あれこれと話しかけても話は盛り上がりません。うなずくくらいが精一杯の反応です。最初は慣れないからかなと思っていましたが、最近では無愛想な人と思うようになり会話もほとんどなくなりました。

< *Part 3* 相手の心を傷つけないコミュニケーション >

なぜコミュニケーションがうまくいかなかったのか

　ケースをよく読み、状況を想像しながら、以下の設問についてあなたの考えをまとめましょう。

設問1 W老人が無口で、こちらの話にもうなずくくらいが精一杯なのはなぜでしょうか。
考えるヒント
◇人間にはいろいろな性格の人がいます。自分の周りにいる人を思い出して、それぞれの人の性格の特徴を考えてください。

設問2 Iさんの態度の問題点はどのような点でしょうか。
考えるヒント
◇よかれと思って善意で行っても、相手に通じないときがあります。それには必ず理由があります。若年層と高齢層の対比からその理由を考えてみてください。

Study スタディ　● Good Communication のために……

設問★ IさんはW老人に対して、どのような接し方をすればよいのでしょうか。
考えるヒント
◇「聞き上手は話し上手」ということわざを思い出してください。会話は話すことと聞くことがセットで成り立っているのです。

❸相手がコミュニケーションをとろうとしないとき－2

CASE 29 名前を覚えてくれず、「ねえー」「あのー」と呼びかける

　Oさんが B 老人のお世話をして 1 か月になります。仕事そのものは特に問題はないのですが、一つだけ気になることがあります。B 老人が O さんを呼ぶとき、名前ではなく「ねえー」とか「あのー」と言うのです。「私は O ですよ」とそのつど言うと、そのときは「O さん」と言うのですが、次になると相変わらず「ねえー」「あのー」としか呼んでくれません。O さんとしては一生懸命お世話しているのに、「ねえー」「あのー」ではなんとなく寂しくよそよそしい感じがして、会話もつい沈みがちになってしまうのでした。

74

< *Part 3* 相手の心を傷つけないコミュニケーション >

なぜコミュニケーションがうまくいかなかったのか

ケースをよく読み、状況を想像しながら、以下の設問についてあなたの考えをまとめましょう。

設問1 B老人はなぜOさんの名前ではなく「ねえー」「あのー」としか呼ばないのでしょうか。

考えるヒント
◇一般に人間は、年をとればとるほど、心身の機能が衰えていきます。そのことが、お年寄りの日常的な行動にどう影響するかを考えてみてください。

設問2 OさんはB老人が「ねえー」「あのー」としか呼びかけてくれないせいで、二人の会話は沈みがちだと考えています。この考えの問題点はどこでしょうか。

考えるヒント
◇B老人が「ねえー」「あのー」と呼ぶ理由を、Oさんは考えたことがあるでしょうか。
◇人は自分のやり方、考え方に固執しがちです。それでうまくやってきたのならばなおさらでしょう。しかし、それだけにこだわっていいのでしょうか。

Study ● Good Communication のために……

設問★ OさんはB老人の呼びかけ方をどのように受け止めればよいのでしょうか。

考えるヒント
◇呼びかけ方という表面的なことにとらわれず、B老人が呼びかけて何かを伝えようとしているということを考えてください。

PART 4

トラブルが起きたときの
コミュニケーション

1 お年寄りに原因があると思われるとき
　　ケース30　「ここに○○があったはずなのに……」
　　　　　　　暗にこちらを疑っている様子
　　ケース31　ヘルパーが来る日を間違えて覚えていて、訪ねるなり文句を言われた

2 介護者に原因があると思われるとき
　　ケース32　大切にしていたお皿を、うっかり割ってしまった
　　ケース33　買い物をしてきたら、「頼んだものと違う」と言われてしまった

3 どちらに原因があるともいえないとき
　　ケース34　入浴するとき下着を脱がせていたら、破れてしまった
　　ケース35　帰る間際になって、「今日は入浴はないのか」と聞かれた

❶お年寄りに原因があると思われるとき－1

CASE 30 「ここに○○があったはずなのに……」暗にこちらを疑っている様子

　「あれー？　どうしたんだろう。ここに写真があったはずなのに。あれは大事なものなんだ」。Ｔ老人がいぶかしげにＡさんに尋ねます。また、始まったとＡさんは思いました。暗にＡさんを疑っている口調です。Ａさんにはそうとしか受け取れません。Ｔ老人にはしばしば、こういうことがありますが、しかしたいていは別の場所にあって、そのことをＡさんが教えたり、自分で見つけることが多いのです。今のところは、写真や新聞にとどまっていますが、そのうち「財布がない」などと言われたらたまったものではありません。そう考えると、Ａさんはお世話をするのがおっくうになってきました。

なぜコミュニケーションがうまくいかなかったのか

ケースをよく読み、状況を想像しながら、以下の設問についてあなたの考えをまとめましょう。

設問1 Ｔ老人がしばしばＡさんを疑うような態度を示すのはなぜでしょうか。

考えるヒント
◇だれかに、あるいは何かに疑惑を持つことと、思い込みや錯覚は違います。Ｔ老人の態度はどちらなのかを、考えてみてください。

設問2 探し物をしているＴ老人に対応するＡさんの態度の問題点はどこでしょうか。

考えるヒント
◇常に冷静であるべき介護者が、もしお年寄りの言動で気分や行動が左右されるようならば問題でしょう。Ａさんにそうしたところがあるでしょうか。

Study ●Good Communication のために……

設問★ Ｔ老人のような言動に対し、どのように対応すればよいでしょうか。

考えるヒント
◇人間であるならば、思い込みや錯覚は避けられません。そのようなときにどのように対処するか。また、思い込みや錯覚をできるだけ防ぐためにはどうしたらよいかを考えてみてください。

❶ お年寄りに原因があると思われるとき －2

CASE 31 ヘルパーが来る日を間違えて覚えていて、訪ねるなり文句を言われた

　Y老人は一人暮らしです。仕事を終えたJさんは「次は来週の火曜日に来ます」とY老人にはっきり告げました。ところが、翌週の火曜日に訪ねたら「昨日どうして来なかったのですか」といきなり文句を言われてしまいました。「えっ？　火曜日と言ったはずですが」と言いましたが、Y老人は「月曜に来ると言った」と言い張ります。Jさんもムキになって「そんなことは言いません」と語気強く反論します。やっと仕事に取りかかりましたが、Y老人は合間にもチクチクと月曜に来なかったことを言います。仕事が終わって帰るとき、「次に来るのは木曜日ですよ」と言うと、「本当に大丈夫ですか」と言われてしまいました。Jさんは不愉快でしかたありません。

< *Part 4* 　トラブルが起きたときのコミュニケーション＞

なぜコミュニケーションがうまくいかなかったのか

　ケースをよく読み、状況を想像しながら、以下の設問についてあなたの考えをまとめましょう。

設問1 Y老人はなぜ「月曜に来ると言った」と強硬に主張するのでしょうか。
考えるヒント

◇一人住まいのお年寄りの心の中を想像してください。

設問2 ムキになってY老人に反論するJさんの態度の問題点はどこでしょうか。
考えるヒント

◇お年寄りは思い違いや物忘れなど、記憶があいまいになることもあるのです。Jさんがムキになって反論すると、Y老人はどのような気持ちになるでしょうか。

◇Jさんは、このような事態になる前に、しておくべきことはなかったでしょうか。

Study スタディ　● Good Communication のために……

設問★ JさんはY老人のような思い込みにどのように対応すればよいのでしょうか。
考えるヒント

◇基本的な心構えと同時に、思い込みによる食い違いをなくすための具体的な工夫を考えてください。

❷介護者に原因があると思われるとき －1

CASE 32 大切にしていたお皿を、うっかり割ってしまった

　Ｚさんは次の仕事である入浴のことを考えながら台所の仕事をしていたとき、うっかり1枚のお皿を割ってしまいました。それはＦ老人の亡きご主人が趣味の陶芸で作った思い出の品でした。大変愛着のある皿だと以前にＦ老人から聞かされていましたから、どうしようとＺさんは青ざめてしまいました。接着剤を買ってきてこっそり直してしまおうかとも思いましたが、うまくいくかどうか分かりません。話せば厳しく叱られるような気がします。Ｚさんはどうしたらいいのか困ってしまいました。

< *Part 4* トラブルが起きたときのコミュニケーション＞

なぜコミュニケーションがうまくいかなかったのか

ケースをよく読み、状況を想像しながら、以下の設問についてあなたの考えをまとめましょう。

設問1 Zさんの失敗とは何でしょうか。
考えるヒント
◇お皿を割ったことはもちろん第一の失敗です。これについては理由を考えてください。もう一つの失敗とは何でしょうか。

設問2 Zさんはなぜ失敗を認められなかったのでしょうか。
考えるヒント
◇だれでも失敗をすれば臆病になるし、弱気になります。それがどのような心理や状況からきているかを考えてください。

Study スタディ　●Good Communication のために……

設問★ Zさんのような失敗をしたとき、心がけるべきこと、行うべきことは何でしょうか。
考えるヒント
◇かりに自分が失敗したとして、そのときのフォローのステップを考えてください。また、逆に相手が失敗したときのあなたの心の中を考えてください。

❷介護者に原因があると思われるとき —2

CASE 33 買い物をしてきたら、「頼んだものと違う」と言われてしまった

　Gさんが仕事をしているときO老人から「幾つか買い物をしてほしい。次に来るとき持ってきてください」と頼まれました。Gさんは記憶力に自信があったし、数も少ないので仕事をしながら心の中で頼まれたことを確認していました。翌週に頼まれたものを持っていったのですが、ボールペンを差し出したところO老人から「シャープペンを買ってきてと頼まなかったですか？」と言われたのです。Gさんも言われてすぐ、たしかにボールペンではなくシャープペンを頼まれたと思い出しました。『しまった』。Gさんは冷や汗を流し、弁解する言葉もしどろもどろになってしまいました。

<Part 4　トラブルが起きたときのコミュニケーション>

なぜコミュニケーションがうまくいかなかったのか

ケースをよく読み、状況を想像しながら、以下の設問についてあなたの考えをまとめましょう。

設問1 Gさんが失敗したのはなぜでしょうか。
考えるヒント
◇人の記憶力はあてになりません。記憶力に頼ることのあいまいさについて考えてみてください。

設問2 失敗したことに気づいたGさんに求められる対応とは、どのようなものでしょうか。
考えるヒント
◇失敗した後のフォローは率直で誠意のあるものでなければなりません。弁解や言い訳では見当ちがいのフォローです。

Study スタディ　● Good Communication のために……

設問★ Gさんのような失敗を防ぐには、具体的にどのようにしたらよいでしょうか。
考えるヒント
◇具体的にとは、目に見える、あるいは耳に聞こえる形にすることです。そのためにはどうしたらよいでしょうか。

❸ どちらに原因があるともいえないとき ― 1

CASE 34 入浴するとき下着を脱がせていたら、破れてしまった

　Nさんが入浴介助でK老人の下着を脱がせていたとき、脱ぎにくそうなのでちょっと力を入れたら下着が破れてしまいました。見たところはそれほどでもなかったのですが、実はかなり古い下着だったようです。K老人は節約家ですから、『いつかはこんなことがあってもおかしくなかった』とNさんは思いました。当のK老人はなんとなく気恥ずかしそうで、しばらく沈黙してします。それにつられてNさんも当惑し、K老人にどう声をかけていいのか分かりません。『破れた下着はどうするのだろうか。もっと新しい下着を着ればいいのに』とNさんは思うのでした。

＜*Part 4*　トラブルが起きたときのコミュニケーション＞

なぜコミュニケーションがうまくいかなかったのか

　ケースをよく読み、状況を想像しながら、以下の設問についてあなたの考えをまとめましょう。

設問1　K老人が、気恥ずかしそうに、しばらく沈黙したのはなぜでしょうか。
考えるヒント
◇かりに、あなたの下着の破れが人前で明らかになったときの気持ちを考えてみてください。

設問2　Nさんの対応の問題点はどこでしょうか。
考えるヒント
◇仕事をしているとき発生する突然の状況にどう対応したらよいか、何を優先すべきかを考えます。

Study　● Good Communication のために……

設問★　このような事態が起きたとき、Nさんに望まれる対応とはどのようなものでしょうか。
考えるヒント
◇その場での局所的対応と、そうした事態が起きないようするための長期的対応の二つを考えてみてください。

87

❸ どちらに原因があるともいえないとき ― 2

CASE 35 帰る間際になって、「今日は入浴はないのか」と聞かれた

　すべての仕事を終えてMさんが帰りじたくを始めたとき、R老人が遠慮がちに「今日は入浴はないのですか？」と尋ねてきました。『あれっ？』とMさんは思いました。入浴は次の訪問日とばかり思っていたからです。それで、「入浴は次の木曜日ですね」と言うと、R老人は「私は今日だとばかり思っていた。入浴の準備がないのでおかしいと思った」と言うのです。その様子だと、今日の入浴をだいぶ楽しみにしているようでした。Mさんはしまったと思うと同時に、もっと早く言ってくれればいいのにと、少し不満が残りました。

＜Part 4 トラブルが起きたときのコミュニケーション＞

なぜコミュニケーションがうまくいかなかったのか

ケースをよく読み、状況を想像しながら、以下の設問についてあなたの考えをまとめましょう。

設問1 R老人とMさんの行き違いが起きたのはなぜでしょうか。
考えるヒント
◇Mさんは帰りじたくを始めるまでR老人が入浴があると思っていることに気がつきませんでした。それはなぜでしょうか。
◇意見や考えが行き違うのはどのようなときが多いか考えてみてください。

設問2 行き違いが起きたとき、Mさんはどのように対応すればよいのでしょうか。
考えるヒント
◇R老人は入浴を楽しみにしているようでしたが、今日はもう時間がありません。R老人に対してMさんはどのような言葉をかけ、どのような行動すればよいのでしょうか。

Study スタディ ● Good Communication のために……

設問★ こうした事態を引き起こさないためには、どのような対応策が必要でしょうか。
考えるヒント
◇相手の考えや意見、要望を確認するための具体的な方策を考えてください。

PART 5

体の不調を訴えられたときのコミュニケーション

1 突然の事故にあったとき
　　ケース36　ガスでお湯を沸かしていて、やけどをしてしまった
　　ケース37　敷居につまずいて倒れてしまった

2 日ごろから訴えている症状が出たとき
　　ケース38　気分でも悪いのか、急にそわそわし始めた
　　ケース39　「血圧が高い、胃が痛い、目がかすむ」と常に症状を訴えられ、仕事にならない

❶突然の事故にあったとき−1

CASE 36　ガスでお湯を沸かしていて、やけどをしてしまった

　U老人はいつもはポットのお湯でお茶を飲むのですが、あいにくお湯が切れたため、自分でガスに火をつけお湯を沸かしました。Rさんは掃除をしながらそれを見ていましたが、お湯を沸かすくらい大丈夫だろうと思っていました。お湯が沸いたのでU老人はヤカンからポットにお湯を移そうとしました。そのとき手元が狂い、お湯を手にかけてしまったのです。「あっちちちち」。いつもと違う大声にRさんが駆けつけると、U老人はなんとかヤカンを下に置き、手を押さえています。Rさんはびっくりしてしまい、どうしたらよいのか分らぬまま立ち尽くしていました。

＜Part 5　体の不調を訴えられたときのコミュニケーション＞

なぜコミュニケーションがうまくいかなかったのか

　ケースをよく読み、状況を想像しながら、以下の設問についてあなたの考えをまとめましょう。

設問1 U老人のようなお年寄りのやけどの主な原因はなんでしょうか。また、お年寄りのやけどは重症になることが多いとされていますが、なぜでしょうか。

考えるヒント
◇お年寄りが火を扱うと危ない理由を考えてください。

設問2 Rさんの対応の問題点はどこでしょうか。

考えるヒント
◇RさんはU老人がガスでお湯を沸かしているとき、どのような行動をしたでしょうか。
◇RさんはU老人の声を聞いて駆けつけたにもかかわらず、びっくりして立ち尽くしてしまいました。Rさんはどのように行動すべきだったでしょうか。

Study ● Good Communication のために……

設問★ このような事態を招かないためには、Rさんはどのように行動すればよいでしょうか。

考えるヒント
◇やけどをした後の対応と、日ごろから気をつけておくべきことの両面から考えてみてください。

❶突然の事故にあったとき－2

CASE 37 敷居につまずいて倒れてしまった

　Y老人は日ごろから歩き方がおぼつかないので、室内といえども注意がかんじんでした。それでも何とか移動はできるので、それほど心配ないだろうと介護者のDさんは考えていました。ところが、ある日、Dさんの目の前でY老人は敷居につまずいて倒れてしまいました。ほんのちょっとした敷居なのですが、つまずいたのです。大したことはなさそうですが、それでもかなり痛そうな様子です。こういう事態はDさんにとって初めてのことなので、どうしてよいのか分からず、すっかりうろたえてしまいました。

<Part 5 体の不調を訴えられたときのコミュニケーション>

なぜコミュニケーションがうまくいかなかったのか

ケースをよく読み、状況を想像しながら、以下の設問についてあなたの考えをまとめましょう。

設問1 Y老人が敷居につまずかないために、Dさんはどのようなことに注意すればよかったのでしょうか。
考えるヒント
◇Dさんは、Y老人が何とか移動できるだろうと考え、事故を招いてしまいました。Dさんの考えはどこがおかしかったでしょうか。
◇日本の家屋の中の移動がお年寄りにとってどれくらい負担になるかを考えてみてください。

設問2 Dさんは、Y老人がつまずいたときどのように対応すればよかったのでしょうか。
考えるヒント
◇緊急事態になったときの精神的な対応と具体的な行動の両面から考えてみてください。

Study スタディ ● Good Communication のために……

設問★ Y老人のようなお年寄りが、敷居などでつまずかないようにするにはどうしたらよいでしょうか。
考えるヒント
◇お年寄りが物につまずきやすい原因を考えてください。また、少しでもバリアフリーの状態にするために、どんな工夫ができるか考えてください。

❷日ごろから訴えている症状が出たとき－1

CASE 38 気分でも悪いのか、急にそわそわし始めた

　Jさんは台所の掃除をしていました。それとなく居間のL老人を見ると、どうも様子が変です。胸のあたりにしきりに手をやるかと思うと、あくびも連発しています。姿勢も少し前かがみになって、どうも具合が悪そうです。顔色も心なしか青ざめてきた様子で心配です。そういえば、以前にL老人から腸が弱いと聞いたことがあります。しかしL老人は、具合が悪いとも気持ちが悪いとも訴えません。何も言われないので、Jさんは声をかけていいものかどうか迷ってしまいました。

< *Part 5* 体の不調を訴えられたときのコミュニケーション＞

なぜコミュニケーションがうまくいかなかったのか

　ケースをよく読み、状況を想像しながら、以下の設問についてあなたの考えをまとめましょう。

設問1 L老人は具合が悪そうなのに、なぜ体の不調を訴えないのでしょうか。
考えるヒント
◇一般にお年寄りがなぜ我慢強いのか、その理由を考えてください。

設問2 L老人に対するJさんの行動の問題点はどこでしょうか。
考えるヒント
◇お年寄りの心の理解と自らの行動の両面から問題点を考えてください。

Study スタディ　●Good Communication のために……

設問★ L老人に対し、Jさんはどのように対応したらよいでしょうか。
考えるヒント
◇具合の悪さをどう見抜くか。また、具合の悪そうな人にどうやって声をかけるか。そのタイミングと言い方を考えてください。

❷日ごろから訴えている症状が出たとき－2

CASE 39 「血圧が高い、胃が痛い、目がかすむ」と常に症状を訴えられ、仕事にならない

　N老人はいつも「私の体は病気のデパート」と言います。実際に体のあちらこちらが悪いようで、薬は山と積んであり、血圧計も備えています。それはしかたないことですが、Eさんが仕事をしていると「どうも血圧が高いようだ。測ってみてくれないか」「胃が痛い。薬を探してほしい」「どうも目がごろごろするから、目薬を取ってほしい」としきりに訴え、Eさんは自分の仕事が進みません。体のことですから放っておくわけにもいかず、そちらの対応を優先します。そうなると、掃除や料理、入浴などの時間が不足気味となってしまいます。どうしたらよいのだろうと、Eさんは困っています。

＜Part 5　体の不調を訴えられたときのコミュニケーション＞

なぜコミュニケーションがうまくいかなかったのか

　ケースをよく読み、状況を想像しながら、以下の設問についてあなたの考えをまとめましょう。

設問1　Ｎ老人が体の不調をしきりに訴えるのはなぜでしょうか。
考えるヒント
◇自分の体の不調があった場合、どのような不安が心の中に生まれるのか考えてください。さらに、お年寄りだったらどうでしょうか。

設問2　Ｅさんの対応の問題点を考えてください。
考えるヒント
◇ＥさんはＮ老人の訴えへの対応をつねに優先しています。そのような介助の進め方について考えてください。

Study スタディ　● Good Communication のために……

設問★　ＥさんはＮ老人の訴えに対して、どのようにつきあえばよいのでしょうか。
考えるヒント
◇体の不調を訴えられたとき何を優先すべきか、その順位を具体的に考えてください。
◇Ｎ老人の訴えに対し、Ｅさんが日ごろから準備しておけることにはどのようなことがあるでしょうか。

＜取材協力＞
■三浦　純子
早稲田速記医療福祉専門学校介護福祉科学科長
介護福祉士国家試験実技試験委員
関東学院大学人間環境学部健康栄養学科講師
■有限会社 在宅ケアシステム
「必要な時に必要な介護を、必要なだけ」をモットーに24時間・1時間でも介護サービスを提供。在宅を支えるためのネットワーク作りも目指している。
■社会福祉法人　三育福祉会　特別養護老人ホーム シャローム
一般虚弱高齢者、痴呆高齢者、短期入所者を受け入れているほか、デイサービス、入浴サービス、ホームヘルパーの派遣業などを行っている。

＜参考文献＞
『介護マニュアル』特別養護老人ホーム シャローム編（特別養護老人ホーム シャローム）
『介護・看護職のための言葉づかいチェックリスト』有馬良建著（医歯薬出版株式会社）
『在宅看護ハンドブック』後藤榮子著（三省堂）
『介護福祉実習指導』介護福祉実習指導研究会編（建帛社）
『痴呆老人の理解と看護』五島シズ著（関西看護出版）
『福祉の仕事がわかる本』中島恒雄著（日本実業出版社）
『介護・高齢者サポートビジネス150選』
　　　　　　　　　志築学編著・日本アプライドリサーチ研究所著（日本実業出版社）
『福祉ビジネス　見えてきた巨大マーケット』大内俊一・小松浩一著（日本評論社）
『介護のあした』信濃毎日新聞社編（紀伊國屋書店）

本文イラスト：森本由香利

|テキスト版| ケースで学ぶ
介護・福祉職のためのコミュニケーションマナー

2004年2月10日　　　　初版発行

編　者　早稲田教育出版編集部　ⓒ
発行者　元吉　昭一
発行所　早稲田教育出版
　　　　〒169-0075
　　　　東京都新宿区高田馬場一丁目4番15号
　　　　株式会社早稲田ビジネスサービス
　　　　http://www.waseda.gr.jp
　　　　電話（03）3209-6201

落丁本・乱丁本はお取り替え致します。